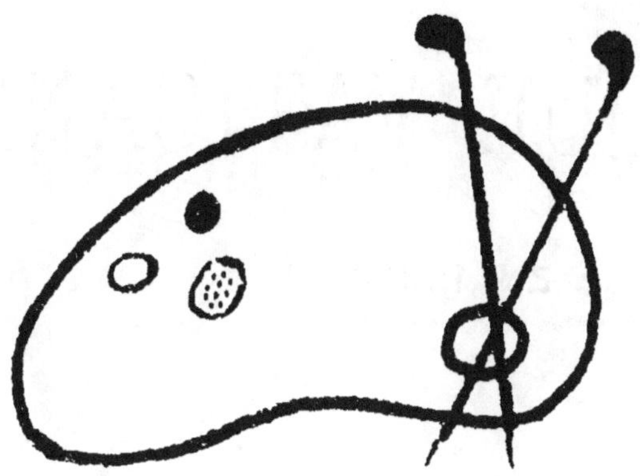

Début d'une série de documents
en couleur

PAUL FABRE

LES OFFRANDES

DANS LA

BASILIQUE VATICANE

EN 1285

Extrait des MÉLANGES D'ARCHÉOLOGIE ET D'HISTOIRE
publiés par l'École française de Rome, t. XIV.

ROME
IMPRIMERIE DE LA PAIX, PHILIPPE CUGGIANI
Rue della Pace, 35.
1894

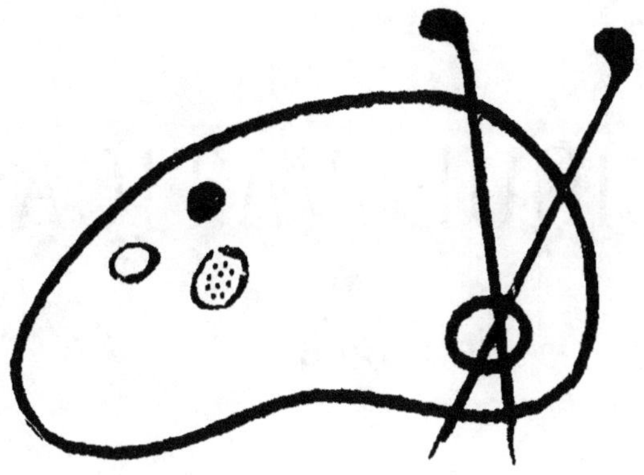

Fin d'une série de documents
en couleur

PAUL FABRE

LES OFFRANDES

DANS LA

BASILIQUE VATICANE

EN 1285

Extrait des MÉLANGES D'ARCHÉOLOGIE ET D'HISTOIRE
publiés par l'École française de Rome, t. XIV.

ROME
IMPRIMERIE DE LA PAIX, PHILIPPE CUGGIANI
Rue della Pace, 35.
1894

LES OFFRANDES
DANS LA BASILIQUE VATICANE EN 1285

Une liste complète des revenus du Saint-Siège au moyen âge serait le meilleur tableau qu'on pût donner des prérogatives temporelles et même spirituelles de la papauté à cette époque. Et ici c'est moins la quotité des ressources qui est à considérer que la diversité de leurs natures. Le pape, vicaire de l'Apôtre, est à la fois évêque de Rome, métropolitain de l'Italie centrale, prince des évêques, chef spirituel de la chrétienté, souverain temporel, propriétaire foncier et suzerain féodal; et son pouvoir, sous quelque aspect qu'on l'envisage, se traduit toujours, en fin de compte, par quelque revenu (1). Ce n'est pas d'ailleurs que ces revenus aient été en général bien considérables; la proverbiale richesse des papes d'Avignon ne doit pas faire illusion, et il ne faut pas oublier que pendant de longs siècles, en dépit de la réputation d'avidité qui était faite partout à la curie Romaine (en France surtout et en Angleterre), les papes ont vécu dans une perpétuelle détresse financière.

Aujourd'hui je voudrais seulement attirer l'attention sur une source de revenu fort ancienne, qu'il est intéressant de retrouver intacte après la réorganisation des finances pontificales qui a marqué la seconde moitié du XIII^c siècle. Il s'agit des offrandes *(oblationes)* faites sur les différents autels de la basilique Vaticane, et quelques mots d'explication sont ici nécessaires.

(1) On sait en effet qu'au moyen âge des redevances perçues à titre purement récognitif étaient la forme extérieure de bien des rapports juridiques. Pour le Saint-Siège en particulier, j'estime que l'étude des documents financiers est d'une souveraine importance dans l'histoire des institutions; j'ai essayé de le montrer ailleurs.

Comme le prêtre doit vivre de l'autel, c'était chez les fidèles une antique coutume d'apporter durant la messe leurs offrandes à l'autel. Dans les grandes basiliques romaines, ces offrandes étaient considérables, et au douzième siècle nous voyons la curie préoccupée d'en régler la répartition. Il nous est resté du pontificat d'Alexandre III deux précieux opuscules sur les deux plus importantes basiliques de Rome, Saint-Pierre (1) et Saint-Jean de Latran (2). En nous décrivant l'autel de Saint-Jean de Latran, le diacre Jean nous apprend que seuls le pape et les sept cardinaux évêques ont le droit d'y officier, et il ajoute que chaque semaine, à tour de rôle, un desdits cardinaux est chargé d'y célébrer l'office divin; en retour, l'évêque de service a droit à recueillir pendant sa semaine une part des offrandes: " *oblationem quam in ipsa missa accipiunt a principio officii usque ad finem, quaecumque est in auro vel argento vel quibuscumque oblationibus, in ordinationibus etiam et consecrationibus aequaliter dividunt cum canonicis ejusdem ecclesiae sibi assistentibus in ministerio altaris et in officiis, praeter oblationem panis et vini quae tantum canonicorum sunt* „ (3). De même, dans son traité sur la Basilique Vaticane, Pierre Mallius nous montre l'évêque de Sainte-Rufine jouissant à Saint-Pierre, pendant la semaine sainte, d'un droit analogue: " *Tota namque medietas oblationis que venit in altari est domini episcopi; altera medietas inter predictum episcopum et canonicos ecclesie et cantores dividenda; nam una est pars domini episcopi; alia canonicorum et alia cantorum* „ (4).

(1) *Liber Petri Mallii canonici S. Petri ad Alexandrum III*, publié dans les *Acta Sanctorum*, mois de Juin, t. VII, p. 35-56.

(2) *Johannis diaconi liber de ecclesia Lateranensi*, publié dans Mabillon, *Iter italicum*, t. II, p. 560-576.

(3) Cap. VIII. Dans Mabillon, *Museum Italicum*, t. II, p. 566.

(4) AA. SS. t. VII Junii, p. 49 C D (§ 124). — Dans Mabillon, *Mus. Ital.*, t. II, p. 163.

A vrai dire, nous lisons dans les anciens privilèges de l'évêché de Silva Candida (Sainte-Rufine) que l'évêque de Sainte-Rufine avait reçu du pape Jean XIX l'autorisation de célébrer l'office au maître-autel de Saint-Pierre trois jours de la semaine sainte (le Dimanche des Rameaux, le Jeudi saint et le Vendredi saint), et de garder en conséquence ces trois jours là " *quicquid auri vel argenti, pallii seu cerae seu aliarum rerum super dicto sacro altari b. Petri sive in confessione positum aut jactatum fuerit, vel vobis oblatum, ab hora qua ipsa missa et officia inchoata fuerint et expleta* „ (1).

Primitivement en effet, c'était au pape seul qu'appartenait la totalité des offrandes faites dans Saint-Pierre, soit au grand autel, soit à la confession, soit sur les autels mineurs, et il pouvait en conséquence céder à l'évêque de Sainte-Rufine la jouissance de l'intégralité de son droit à certains jours déterminés. Mais, en 1138, le pape Innocent II avait attribué au Chapitre de Saint-Pierre la moitié des offrandes faites sur l'autel de Sainte Marie et sur celui de Saint Grégoire (2); et, en 1153, le pape Eugène III, " après avoir pris conseil de ses frères les évêques et cardinaux „, avait accordé aux chanoines de la Basilique " le quart de toutes les offrandes, aussi bien de celles qu'on déposait sur l'autel majeur *(de altari b. Petri Apostoli)* que de celles qu'on faisait à la Confession *(arca)* ou sur les autels mineurs *(ministeria)*, excepté toutefois celui de Saint Léon „, que le pape se réservait en propre (3).

---

(1) Cf. Jaffé-Löwenfeld, *Reg. pontif. Rom.*, n.° 4076. Ce privilège a été successivement renouvelé par Benoit IX, en 1037, et par Victor II, en 1057 (Jaffé-Löwenfeld, n°ˢ 4110 et 4366).

(2) *Bullarium Vaticanum*, I, 47 (Jaffé-Löwenfeld, n° 7899). — Pierre Mallius dit même, en parlant d'Innocent II: *Condidit privilegium in quo concessit medietatem omnium ministeriorum omnium altarium que sunt in ecclesia b. Petri* (AA. SS. t. VII, Junii, p. 51 B).

(3) *Bullarium Vaticanum*, I, 51. Jaffé-Löwenfeld, *Reg. pontif. Rom.*, n.° 9714. Le privilège d'Eugène III a été successivement con-

C'est évidemment l'application de ce règlement nouveau qui explique que la liste des gratifications faites aux *scholae palatii*, aux chantres et au chapitre les jours de *station* à Saint-Pierre, n'est pas la même dans le Polyptyque du chanoine Benoît, antérieur au décret d'Eugène III (1), et dans le traité de Pierre Mallius, qui lui est postérieur (2).

Je laisse ici de côté les offrandes à la Confession, parce qu'il n'en est pas fait mention dans le document que je publie. Cette partie des revenus de Saint-Pierre était donnée à ferme dès la fin du XIIe siècle. L'opuscule de Pierre Mallius nous donne à ce sujet de minutieux renseignements (3), et le *Liber Censuum* nous a conservé de son côté " d'après la lettre des anciens baux „ une

firmé par Hadrien IV (20 janvier 1155), Alexandre III (30 avril 1175), et Clément III (2 juin 1188).

(1) Voici le texte de Benoît, d'après le manuscrit de la Bibliothèque de Cambrai : « Hec sunt staciones Sancti Petri nocturnales... In unaquaque harum stacionum scole palatii scilicet cardinales, diacones, subdiacones, cantores, regionarii, acoliti debent habere V. solidos de altare Sancti Petri pro conatica. Archipresbyter XVIII denarios pro his qui cantant responsoria. Canonici XII solidos et ad missam medietatem altaris inter eos et capellanos domini pape usque ad finem. Et si deerit domnus papa et venerit cardinalis solus cantare missam in unaquaque stacione totam medietatem altaris habent scole predicte. Cardinalis qui cantat missam habet terciam partem oblationis, et si habet aliquem socium cardinalem non sit ita, sed oblatio sicut mos est dividatur per scolas.

Hec sunt Sancti Petri diurne staciones... In unaquaque harum stacionum accipiunt [scole] V solidos ex oblatione (ms. *et oblationem*); sed dominus papa accipit XX solidos in nocturnis stacionibus quando accenduntur retia et in diurnis quando accenduntur candele... ».

Je donne ici le texte du ms. de Cambrai, plus correct que le texte donné par Mabillon.

(2) Voy. dans Mabillon, *Museum italicum*, t. II, p. 158 et 161, et surtout dans les AA. SS. t. VII, Junii, p. 52 E F (§ 152).

(3) DE CONSUETUDINIBUS CONFESSIONIS. *Hacc sunt quae dominus papa de consuetudine recepturus est ab illis qui emunt confessionem b. Petri pro tribus partibus; canonici vero pro quarta parte* (Dans Mabillon, *Museum italicum*, t. II, p. 162; dans les AA. SS. t. VII, Junii, p. 48 E F (§ 120).

liste très curieuse " de ce que le pape doit recevoir de ceux qui prennent à ferme la Confession de Saint-Pierre „ (1).

Je retiens seulement les offrandes au grand autel et aux autels mineurs, dont il est question dans notre document. Pour ce qui est de l'autel majeur, le pape continuait à percevoir les trois quarts des oblations; cela résulte d'un privilège d'Innocent III, du 15 octobre 1205, et d'une lettre du même en date du 24 avril 1212 (2). Quant aux *ministeria*, le même Innocent III, aussitôt après son avènement au pontificat, avait cédé un nouveau quart de leur produit aux chanoines de la basilique (3), ce qui laissait au Saint-Siège une moitié seulement du produit total des oblations faites aux autels mineurs.

Du reste Innocent III, dès le commencement de son règne, avait consacré à des aumônes tout ce qui lui revenait des offrandes de Saint-Pierre (4), et, en 1212, il faisait savoir à tous les pèlerins venant à Rome que, sauf la part afférente aux chanoines, le montant des offrandes à l'autel majeur était affecté intégralement à l'entretien de la basilique et au soulagement des pauvres (5).

(1) Cap. CLXXV. DE PROVENTIBUS QUOS DOMINUS PAPA RECIPIT DE CONFESSIONE B. PETRI: *Hec sunt que dominus papa est recepturus ab illis qui emunt confessionem b. Petri, secundum tenorem preteritorum ementium* » (Ms. Vatican 8486, fol. 151). Le texte publié par Muratori (*Antiquit. ital.*, t. V, col. 805) est fautif.

(2) Potthast, *Reg. pontif. Rom.*, n°s 2592 et 4438.

(3) Bulle du 13 mars 1198 (Potthast, *Reg. pontif. Rom.*, n° 46); cf. bulle du 15 octobre 1205 (Potthast, n° 2592).

(4) *Gesta Innocentii*, cap. CXLIII (Baluze, I, 88): *Ab initio promotionis sue ad eleemosynas deputavit universos proventus ad se pertinentes de oblationibus basilice Sancti Petri.*

(5) Potthast, *Reg. pontif. Rom.*, n° 4438. On voit, par l'insistance que met le pape à rassurer les pèlerins sur l'emploi des offrandes faites dans la basilique de Saint-Pierre, que de fâcheux bruits couraient à ce sujet dans tout le monde chrétien. Il demande en effet qu'il soit donné la plus grande publicité à ses déclarations. Aussi bien ses

Au cours du XIII⁰ siècle, nous constatons qu'à différentes reprises les papes affectent à des dotations diverses (pour leur vie durant et sans engager leurs successeurs) tout ou partie de ce qui leur revenait des offrandes déposées sur le maître autel ou sur les autels mineurs de la basilique Vaticane (1). C'était d'ailleurs d'après les règles établies sous Innocent III que continuait à se faire le partage entre le pape et le chapitre: Grégoire IX et Alexandre IV en portent témoignage (2). Mais en 1277, à l'instigation du futur Nicolas III, alors archiprêtre de Saint-Pierre, le pape Jean XXI augmenta temporairement la part qui revenait au chapitre sur les oblations faites au maître autel, en cédant pour 20 ans aux chanoines une somme annuelle de 100 livres de provinois du Sénat à prendre sur la part réservée au pape (3).

Tel était le régime en vigueur sous le pontificat d'Honorius IV, en 1285.

successeurs durent revenir à la charge, Innocent IV, le 10 février 1252, et Alexandre IV, le 31 décembre 1259, reproduisaient la bulle de 1212 (Potthast, *Reg. pont. Rom*, nᵒˢ 14502 et 17731).

(1) Le 20 avril 1219, Honorius III, rappelant que Célestin III avait assigné autrefois une rente de 12 livres de provinois sur la part qui revenait au pape des *oblationes altaris b. Petri* à la *Schola Cantorum*, assurait à ce même établissement une rente annuelle de 10 livres, sa vie durant, sur les mêmes fonds.

Le 27 mai 1256, Alexandre IV réservait aux pauvres un quart des oblations du maître autel pendant toute la durée de son règne.

Moretti dans son *Ritus dandi presbyterium* (part. I, sect. 3, n. 8 et sect. 8, n. 2) cite une bulle d'Innocent IV, datée de la première année du pontificat, par laquelle Innocent confirme au chapitre de Sᵗᵉ Marie Majeure la donation faite par Clément III d'un neuvième de la part afférente au pape sur les oblations de la basilique Vaticane.

(2) Bulles du 22 juin 1228 (Potthast, *Reg. pont. Rom.*, nᵒ 8213) et du 27 mai 1256 (Potthast, nᵒ 16397).

(3) Bulles du 6 mars et du 15 mars 1277 (Potthast, nᵒˢ 21230 et 21234).

Le premier volume de la série des *Introitus et Exitus* con-
servée aux archives du Vatican contient (1) le détail des sommes
touchées de ce chef par le Saint-Siège au cours d'une année
complète, depuis le mois de juin 1285 jusqu'au mois de juin 1286.
Ce document m'a paru intéressant à reproduire. Mais, si nous
voulons nous faire une idée un peu exacte de la somme que
représentaient les oblations faites sur les différents autels de
Saint-Pierre, nous ne devons pas oublier que les oblations
partagées entre le pape et le Chapitre n'étaient pas, à beau-
coup près, la totalité des oblations faites par les fidèles tant
au maître autel qu'aux autels mineurs.

Pierre Mallius (2) nous apprend en effet que les offrandes
faites durant la première partie de la messe, jusqu'à la fin de
l'Evangile, ne faisaient pas partie de ce qu'on appelait proprement le revenu de l'Autel. Ces offrandes-là appartenaient
à ceux " dont c'était la semaine „, c'est-à-dire successivement:
1° à chacun des cardinaux prêtres affectés, à tour de rôle, au
service de la basilique; 2° aux cardinaux diacres; 3° aux chantres;
4° au Chapitre; 5° à ceux que Mallius appelle *Schola basilicae*

(1) Fol. 31.

(2) Dans les AA. SS. Jun. t. VII, p. 50 E F (§ 133): Certum est
nos canonicos b. Petri praeter alias rationes et consuetudines quas
habemus in oblatione missae altaris majoris b. Petri de antiqua consuetudine habere semper decimam hebdomadam de undecim hebdo-
madibus totius anni, quae sic dividuntur. Septem primas hebdomadas
accipiunt septem cardinales S. Petri, octavam hebdomadam accipiunt
diaconi cardinales (praeter dominicalia totius anni quae ad eos spec-
tant, excepta dominica Palmarum et Pascha et nisi forte sit statio),
nonam hebdomadam cantores, decimam hebdomadam canonici ecclesiae, undecimam schola basilicae; qua finita, recipiunt predicti cardinales a capite et sic fit per totum annum. Oblatio itaque quae
spectat ad hebdomadam est illa quae venit ad manus cardinalis can-
tato evangelio et quae venit ad altare posito calice et donec missa
cantata fuerit. Illa tamen oblatio quae venit ad altare postquam
calix est positus dividitur per medium. MEDIETAS EST ALTARIS et
altera medietas est illius cujus est hebdomada.

et que nous appellerions aujourd'hui les *San-Pietrini*. Quant aux offrandes faites depuis l'Offertoire jusqu'à la fin de la messe, il en était fait deux parts: une moitié en revenait à celui " dont c'était la semaine „, et l'autre moitié constituait proprement le " Revenu de l'Autel „. C'est ce Revenu de l'Autel qui seul était objet de partage (*divisio*) entre le pape et le Chapitre.

Il y avait en outre certaines *consuetudines* (nous dirions certaines gratifications) qui étaient directement prélevées, à certains jours, sur les offrandes faites à l'autel et qui n'entraient pas en ligne de compte pour l'établissement du Revenu de l'Autel proprement dit. Lorsque Alexandre IV attribuait aux pauvres un quart des oblations de Saint-Pierre, il indiquait que ce quart ne devait pas être pris sur la totalité des offrandes, mais bien sur la part qui restait disponible, une fois prélevées les *consuetudines* et le quart des chanoines: *salva quarta parte canonicis ipsius ecclesiae, salvis etiam consuetudinibus quae nobis et curiae nostrae seu etiam cardinalibus et aliis ecclesiis et ecclesiasticis personis de antiquitate debentur* (1). Ces *consuetudines*, déjà fort anciennes, nous les connaissons en détail grâce à Pierre Mallius (2) et à Cencius (3), et nous pouvons en regard de chaque fonction de la curie, de chaque degré de la hiérarchie ecclésiastique, de chaque église de la Ville, mettre le chiffre du *presbyterium* que chacun avait le droit de toucher, les jours de station à Saint-Pierre, sur les oblations au maître autel (4).

---

(1) Bulle du 27 mai 1256 (Potthast, n° 16397).

(2) Voy. surtout les § 124, 125 et 152 (dans les AA. SS. Jun. t. VII, p. 49-52).

(3) En particulier pag. 204-206 au tome II du *Museum italicum* de Mabillon.

(4) Les textes sont réunis dans Moretti. *Ritus dandi presbyterium papae, cardinalibus et clericis nonnullarum ecclesiarum urbis,* Rome 1741.

Il faut tenir compte de tout cela pour avoir quelque idée de ce qu'étaient, dans leur ensemble, les offrandes faites dans la basilique Vaticane à la fin du XIIIe siècle.

In nomine Domini amen. Anno a nativitate ejusdem M. CC. LXXXV, indictione XIII, pontificatus domini Honorii pape quarti ejusdem anno primo.

Hic continentur ministeriornm et altaris in ecclesia B. Petri divisiones.

In primis facta divisione de mense Junii et Julii cum capitulo (1) recepit magister Albertus: de ministeriis XXV sol. et VI den.

Item de altari majori recepit magister Albertus VI lib. X sol.

Item XXI Turonenses grossos qui valent ad rationem XXXI denariorum per quemlibet . . . . XLIII sol.

Item IIII sol. sterlingorum et VI sterlingos qui valent ad rationem X den. proveniensium per quemlibet sterlingum XLV sol. (2)

Item XVIII sterlingos qui valent ad rationem VIIII den. per sterlingum . . . . XIII sol. VI den.

Item III Romanatos qui valent . . . . VII sol. III den.

Item. . . . . III sol. IIII den.

---

(1) Il s'agit ici, nous l'avons vu, du Chapitre de Saint-Pierre.

(2) Le compte est établi en monnaie Romaine, et toutes les autres monnaies sont ramenées à celle-ci. Il s'agit de la monnaie dite *Provinois du Sénat*, dont j'ai esquissé ailleurs l'histoire (Voy. mon édition du *Liber Censuum*, p. 14 et 47). Un collecteur du cens Apostolique nous apprend qu'en 1291 le sou de provinois du sénat — c'est-à-dire 12 provinois — représentait une valeur égale à ½₅ de florin: *Lib. provezin. vagliono a ragione de vintecinque sol. per floreno d'oro* (*Mélanges* de 1890, p. 381). Comme le poids de l'or contenu dans le florin vaudrait aujourd'hui 13 francs environ (Ehrle, *Hist. biblioth. Rom. pontif.*, I, p. 185), cela suppose au sou de provinois, en 1291, une valeur absolue de 52 centimes de notre monnaie, abstraction faite, bien entendu, de la différence entre le pouvoir du numéraire au XIIIe siècle et de nos jours, différence qui est considérable.

Item de argento unam unciam et III quartos, quod fuit venditum ad rationem XIII sol. per unciam . . . . . XXIII sol.

Item. . . . . V sol. et VII provenienses.

Item de crudamine (1) V libras II uncias et I quartam, quod fuit venditum ad rationem XXVIIII sol. per libram VII lib. X sol. V den.

Summa precedentis divisionis est XXVI lib. et XI den.

Facta divisione de mense Augusti et Septembris recepit magister Albertus: de ministeriis in proveniensibus et sterlingis . . . . XVII sterl. et III d. prov.

Item II Venetos et IIII sterlingos qui valent V sol. et IIII den.

Item. . . . . XVIII provenion.

Item de argento mediam quartam

Item de crudamine unam unciam et dimidiam.

Item de altari majori . . . . VI lib. et VI sol. prov.

Item de crudamine V lib. unam unciam et dimidiam.

Item XXI tur. grossos qui valent . . . . . LIII sol. et III den.

Item III sol. Venetorum grossorum qui valent. . . XLVIII sol.

Item XXXVIIII sterlingos qui valent . . . . XXXII sol. VI den.

Item II solidos Bononiensium qui valent . . . . . XVIII sol.

Item . . . . XX sol. III d. prov.

Item VIII sterlingos qui valent . . . . VI sol.

Item de argento II uncias minus quartam.

Venditum fuit predictum crudamen ministeriorum et altaris, quod fuit V lib. III uncie et dimidia ad rationem XXX sol. et VI den. per libram. . . . . VIII lib. et XV den.

(1) Le mot n'est pas dans Ducange; désigne-t-il quelque alliage? Je ne sais. En tout cas, selon sa qualité, le *crudamen* est prisé plus ou moins haut. En général, il se vend, à poids égal, cinq fois moins cher que l'*argent*, dont il est question dans notre document.

Venditum fuit predictum argentum ministeriorum et altaris, quod.
fuit II uncie et quarta ad rationem XIII sol. per unciam
XXVIIII sol. et III den.

Summa precedentis divisionis Au-
gusti et Septembris est. . . XXVI lib. et VI den.

Facta divisione cum capitulo de mense Ottobris et Novembris et
de festo Dedicationis b. Petri recepit: magister Albertus de
ministeriis I carlinum auri qui valet . . . XXXI sol. prov.
Item . . . . XXXIIII sol. et VIII den. prov.
Item de argento mediam unciam et mediam quartam.
Item . . . . XX prov.
Item de crudamine X uncias quod fuit venditum ad rationem
XXX sol. et II den. per libram . . XXV sol. et II den. prov.

Item de altari maiori . . . . XXXVIIII lib. et VIII sol. prov.
Item XXIIII Tur. grossos qui valent . . III lib. et II sol.
Item IIII sol. et dimidium Venetorum grossorum qui valent III lib.
et XII sol.
Item III sol. et dimidium sterlingorum novorum qui valent XXXV sol.
Item XII Bonon. grossos qui valent . . . . IX sol.
Item. . . . . XXIII sol. et VI prov.

Item de argento X uncias et III quartas et mediam quartam.
Item de crudamine V lib, III uncias et III quartas, quod fuit ven-
ditum ad rationem XXX sol. et II den. per libram: VIII lib. et
III den.

Venditum fuit predictum argentum ministeriorum et altaris, quod
fuit XI uncie et dimidia, ad rationem XII sol. et III den. per
unciam . . . . VII lib. X den. et I sen.

Facta divisione de mense Decembris et Ianuarii cum capitulo
recepit magister Albertus: de ministeriis IIII[or] sterlingos qui
valent . . . . III sol. et IIII den.

Item XIII sterlingos qui valent . . . . . VIII sol. et VIII den.

Item II Turon. grossos qui valent . . . . . V sol. et II den.

Item IX Venetos qui valent . . . . XII sol. prov.

Item . . . . XXVI sol. prov

Item de argento III uncias minus media quarta.

Item de crudamine VII uncias minus media quarta.

Item de altari majori XIII sol. et VIIII sterlingos novos

    et valent . . . . VI lib. XVII sol. et VI den.

Item IX Tur. grossos qui valent. . . . . . XXIII sol. III den.

Item . . . . IIII sol.

Item III Venet. qui valent . . . . IIII sol.

Item IIII sol. sterlingorum qui valent. . . . . . XXXII sol.

Item III Tur. grossos qui valent. . . . . VII sol. et IX den.

Item . . . . XIII lib. IIII sol. et IX den. prov.

Venditum fuit predictum crudamen ministeriorum in summa

                             XX sol. prov.

Venditum fuit predictum argentum ministeriorum quod fuit III

    uncie minus media quarta. . . . . . . XXXVIII sol. prov.

Summa precedentis divisionis

    Decembris et Ianuarii est XXVIIII lib. VIIII sol. et II den. prov.

Facta divisione cum capitulo de mense Februarii recepit magister

    Albertus: de ministeriis . . . . V sol. et II den.

Item . . . . XXXII prov.

Item VII sterlingos qui valent. . . . . . . V sol. et X den.

Item de argento . . . . II sol.

Item in Turon. parvis et prov. . . . . . XIIII sol. et X prov.

Item de crudamine III uncias.

Item de altari majori XIIII sol. sterlingorum et III sterlingos qui

    valent. . . . . VII lib. et II sol prov. et VI prov.

Item XVIII sterlingos veteros qui valent. . . . XII sol. prov.

Item . . . . III lib. et VIII sol. prov.

Item de argento iij uncias i quartam et dimidiam.

Item de crudamine vi libras ii uncias et dimidiam quartam.

Item iiii^{or} Turonenses grossos qui valent . x sol. et iiii den.

Venditum fuit predictum crudamen ministeriorum et altaris ad
    rationem xxx solidos per libram, quod fuit vi libre et v
    uncie et media quarta. . . . . viiii lib. et xiii sol.

Venditum fuit predictum argentum altaris, quod fuit iii uncie
    i quarta et dimidia, ad rationem xiii sol. per unciam: xliiii sol.

Summa precedentis divisionis Februarii est xxv lib. et iiii den. prov.

Facta divisione cum capitulo die sabbati Palmarum recepit magister
    Albertus: de ministeriis xii Venetos qui valent xvi sol. prov.

Item in sterlingis . . . . v sol. prov.

Item . . . . v sol. prov.

Item de crudamine xi uncias, quod fuit venditum ad rationem
    xi den. per unciam . . . . xxxvii sol. prov.

Item de argento xiiii uncias, quod fuit venditum ad rationem
    xii sol. et vi den. per unciam. . viii lib. et xv sol. prov.

Item de altari majori lv sol. Venetos et vi Venetorum qui valent ad
    rationem xvi den. per quemlibet venetum xliiii lib. et viii sol.

Item xxxiii sol. sterlingorum novorum qui valent xvi lib. et
                                                  x sol. prov.

Item xxv sol. sterlingorum veterum et vi sterlingos qui valent
                                                  x lib. et iv sol. prov.

Item de diversis monetis argenti . . xv sol. et ix den. prov.

Item . . . . iiii sol. et vi den. prov.

Item xxxviiii Turon. grossos qui valent . . v lib. et viiii den.

Item . . . . xii sol. et xi den. prov.

Item de argento xxxii lib. et unam unciam, quod venditum fuit
    ad rationem xii sol. et vi den. per unciam ccxl lib. et xiii
                                                   sol. prov.

Item . . . . xxi lib. prov.

Item III sterlingos qui valent. . . . . II sol prov.

Item. . . . . III sol. prov.

Item de crudamine XII libras et II uncias et dimidia quod fuit
venditum ad rationem XXXV sol. per libram: XXI lib. et VII sol.
et VI den.

Item. . . . . XI sol. et IX den. prov.

Summa precedentis divisionis
    sabbati Palmarum est CCCLXXIII lib, V sol. et VIIII den.

Facta divisione die Martis post Pascha cum capitulo recepit magister Albertus: de ministeriis III lib. III sol. et VI den. prov.

Item VIIII Venetos qui valent. . . . . XII sol. prov.

Item VI sterlingos qui valent. . . . . V sol. prov.

Item VIIII sterlingos qui valent . . . . VI sol. prov.

Item de argento XXIII uncias auri et I quartam, quod fuit venditum ad rationem XII sol. et dimidium per unciam XIIII lib.
X sol. et VI den.

Item de crudamine VII lib. et dimidiam et I quartam, quod venditum fuit ad rationem XXXVI sol. per libram XIII lib. X sol.
et IX den.

Item de altari majori XXIII sol. Venetorum et VI Venetos qui
valent. . . . . XVIII lib. et XVI sol. prov.

Item XXX sol. sterl. et III sterlingos qui valent XII lib. et II sol.

Item X sol. et III den. sterl. novorum qui valent V lib. et XXX den.

Item IX aquilinos qui valent . . . . XV sol. prov.

Item IX guelfos qui valent. . . . . XIII sol. et VI den.

Item VI Turonenses grossos qui valent . . XV sol. et VI den.

Item IIIJ Romaninos grossos qui valent . . VII sol et III den.

Item. . . ' . . . . XVIIII sol. prov.

Item. . . . . XXX lib. prov.

Item. . . . . XXI sol. prov.

Item. . . . ' . . . . XXVII sol. prov.

Item de crudamine CXLVIII libras ad pondus et V uncias quod venditum fuit ad rationem XXXI sol. et VI den. per libram
CCXXXIII lib. et XV sol.

Item de argento X libras et dimidiam, quod venditum fuit ad rationem XII sol. et VI den..per libram LXXVIII lib. et XV sol.

Item. . . . . XXII sol. et VI den. prov. in alaris (?)

Item de VIIII unciis et III quartis de votis et annulis argenteis, venditis ad rationem XV sol. per unciam VII lib. VI sol. et III den.

Item de crudamine . . . . II sol.

Item de filo et incenso . . . . XVII lib. et II den.

Summa precedentis divisionis
diei Martis post Pascha, cum filo
et incenso, est   CCCCXLII lib. VII sol. et V den.

[Item fuerunt venditi fructus jardini palatii domini pape apud S. Petrum, scilicet ficus, poma, persica, pira, et nuces et alia VI
lib. prov.

Item habuimus de dicto jardino XVI caballatas musti in summa, quod fuit venditum ad rationem XXXVI sol. per caballatam
XXVIII lib. et XVI sol. prov.

Item recepimus de duobus scorciis cicorum venditis de dicto jardino . . . . V sol.] (1)

Facta divisione de mense Aprilis et Maii et de festo Ascensionis Domini recepit magister Albertus de ministeriis VI Turonenses grossos, valentes . . . . XV sol. et VI den. prov.

Item VII sterlingos novos valentes.. . . . . . V sol. et X den.

Item XXII sterlingos veteres valentes . . XIIII sol. et VIII den.

Item de argento unam quartam et dimidiam, quod fuit venditum ad rationem XIII sol. per unciam IIII sol. X den. et I sen.

(1) Je donne ici entre crochets quelques lignes relatives aux produits du fameux jardin créé par Nicolas III au Vatican; bien qu'elles n'aient pas trait aux revenus de Saint Pierre, comme elles se trouvent à cette place dans le livre de compte, il est bon de les maintenir à la même place dans la transcription.

Item de crudamine VIII uncias et I quartam, quod fuit venditum
ad rationem XXI sol. per libram XXI sol. et III den. et I sen.
Item. . . . . XXVIIII sol. prov.

Item de altari majori recepit in Ravegnanis. . XXVI lib. prov.
Item in Turonensibus parvis . . . . XII lib. prov.
Item in sterlingis novis . . . III lib. XVII sol. et VI den. prov.
Item in Venetis. . . . . XXIIII sol. prov.
Item. . . . . . XXXVIII sol. et VI den. prov. et I sterlingum
Item de argento III uncias I quartam et dimidiam, quod fuit ven-
ditum ad rationem XIII sol. per unciam: XLIII sol. X den. et I sen.
Item. . . . . XIX sol. Ravenat.
Item de crudamine XII lib. IIII uncias et mediam et dimidiam
quartam, quod fuit venditum ad rationem XXXI sol. per li-
bram . . . . XVIIII lib. IIII sol. et III den.

*Summa precedentis divisionis Aprilis, Maii et festi Ascen-
sionis Domini est . . . . . . LXXI lib. XVIII sol. et den. III.*

*Summa summarum omnium divisionum predicti anni usque
ad Kal. Junii anni Domini MCCLXXXVI est* MLXII lib. XV sol.
et V den. prov. (1)
[*Item summa summarum receptorum de fructibus jardini est*
XXXV lib. et XII den.]

SUMMA SUMMARUM OMNIUM RECEPTARUM TAM DE ALTARI
MAJORI B. PETRI ET MINISTERIIS QUAM JARDINI ASCENDIT AD
. . . . MLXXXXVII LIB. XVI SOL. ET V DEN. PROV.

____

(1) Le métal fin représenté par cette somme de 1062 livres 15
sous et 5 deniers Provinois servirait aujourd'hui à la frappe de
11052 francs de notre monnaie, puisque le sou de Provinois du Sénat (Voy. plus haut, page 237 note 2) équivaudrait à 52 centimes
de notre monnaie (le pouvoir du numéraire étant d'ailleurs supposé
le même aujourd'hui qu'à la fin du XIII° siècle). Je laisse à d'autres
le soin de déterminer le coefficient qu'il convient de donner à la valeur absolue des monnaies du XIII° siècle pour avoir leur valeur
relative: c'est un des problèmes les plus délicats.

Original en couleur

NF Z 43-120-8